ALLOCUTION

PRONONCÉE EN L'ÉGLISE D'HERMAVILLE

Le mercredi de Pâques 7 Avril 1920

A L'INHUMATION SOLENNELLE DE

M. l'Abbé Modeste LEFEBVRE

Ancien curé de la paroisse pendant 31 ans (1872-1903)

PAR

M. l'Abbé Édouard LEGRU

Docteur en théologie, Licencié ès-lettres
Chanoine titulaire de la Cathédrale d'Arras

Monsieur l'Abbé Modeste LEFEBVRE

Curé d'Hermaville et de Tilloy pendant 31 ans

MISSIONNAIRE APOSTOLIQUE

4 décembre 1838 - 24 octobre 1914

ALLOCUTION

PRONONCÉE EN L'ÉGLISE D'HERMAVILLE

Le mercredi de Pâques 7 Avril 1920

A L'INHUMATION SOLENNELLE DE

M. l'Abbé MODESTE LEFEBVRE

Ancien curé de la paroisse pendant 31 ans (1872-1903)

PAR

M. l'Abbé Édouard LEGRU

Docteur en théologie, Licencié ès-lettres
Chanoine titulaire de la Cathédrale d'Arras

Arras, le 3 juin 1920.

En la Fête du Saint-Sacrement.

CHER MONSIEUR LE CHANOINE,

Je ne peux que souscrire à l'hommage solennel rendu à la mémoire de M. l'Abbé Modeste Lefebvre par la paroisse d'Hermaville.

Nul n'était plus qualifié que vous pour être le héraut de cette pieuse et touchante manifestation.

En publiant les allocutions prononcées à l'occasion de la cérémonie, vous avez voulu que la journée du 7 Avril 1920 marquât dans les annales du diocèse.

Votre discours, à vous, Monsieur le Chanoine, fait revivre, en nous montrant à quelles sources elle s'alimentait, l'âme du vaillant missionnaire que fut toute sa vie le bon curé d'Hermaville.

Qu'il me soit permis de relever, dans l'éloge que fait de lui M. le Baron Henri de Salignac Fénelon, ce que ce saint prêtre a fait pour la beauté de la maison de Dieu et pour la diffusion de la dévotion au Sacré-Cœur.

Je vous remercie en particulier, cher Monsieur le Chanoine, d'avoir signalé parmi les mérites du Père Lefebvre le zèle vraiment apostolique qui donna au diocèse six prêtres dont il était justement fier.

Puisse cet exemple susciter des imitateurs à l'heure où les rangs de mon clergé s'éclaircissent, et où les besoins des âmes se multiplient.

Veuillez agréer, cher Monsieur le Chanoine, l'assurance de mes sentiments affectueux et dévoués en Notre-Seigneur.

† EUGÈNE-LOUIS,

Évêque d'Arras.

✝

Sollicite cura teipsum probabilem exhibere Deo, operarium inconfusibilem, recte tractantem verbum veritatis.

« Prenez soin de vous présenter bien recommandable à Dieu, « comme un ouvrier qui n'a pas à rougir de son travail, et qui « accommode comme il le faut la parole de vérité. »

II Tim., 2, 15.

Je devais donc, mes frères, rendre aujourd'hui au nom de M. le Doyen d'Aubigny et de tous les prêtres du canton, en mon nom, en celui de ses autres fils dans le Sacerdoce ici présents, et en votre nom à tous, un dernier hommage de respect, d'affection et de reconnaissance à M. l'abbé Modeste Lefebvre, ancien missionnaire en Cochinchine et en Chine, curé d'Hermaville et de Tilloy pendant 31 ans, missionnaire apostolique, retiré à Berck-Plage, en 1903, y décédé le 24 octobre 1914.

Cet hommage, c'est un besoin de nos cœurs envers celui qui a voulu reposer à Hermaville, au pied de notre antique et beau clocher. C'est une dette de cinq ans et demi bientôt que nous payons enfin, après une affreuse tourmente, des deuils cruels, nombreux, inopinés, après des années entières passées par plusieurs ici présents, de l'autre côté de la ligne de feu, comme dans un tombeau, sans nouvelles de la petite patrie, sans même savoir la mort de celui dont les restes mortels nous reviennent en ce jour. L'un de ses chers disciples lui télégraphiait le 16 décembre 1916, de Thonon-les-Bains, son retour et sa délivrance, et il ignorait que le regretté destinataire dormait son dernier sommeil depuis deux ans et quelques mois. Quoi qu'il en soit, j'aurai, mes frères, répondu à votre attente, quand je vous aurai montré combien le vénéré défunt a mis en pratique le conseil de l'apôtre S. Paul à son disciple Timothée, comment il s'est rendu estimable à Dieu, quel excellent ouvrier il fut dans le champ à lui confié par le Père de famille, et combien volontiers il partageait aux âmes ce qui est leur véritable nourriture, le verbe de la vérité.

Rien ne rend un homme précieux aux regards du Seigneur comme la docilité à suivre ses inspirations, et à aller au-devant de sa volonté sainte. Modeste Lefebvre, né à Fresnes-lez-Montauban le 4 décembre 1838, fut dès l'âge le plus tendre dans cette heureuse disposition. Il sortait d'une famille de cultivateurs, modeste mais riche de courage et de probité. Du côté de son père, il avait une tante, religieuse du Bon-Secours, et un oncle curé dont il était heureux et fier de parler. M. l'abbé Bertin Lefebvre eût pu être pour son neveu cette providence spéciale que Dieu ne manque jamais de placer auprès des enfants moins fortunés qu'Il appelle au service de ses autels. Dans la circonstance, la famille Tréca le fut en son lieu et place, et quelle vive reconnaissance Modeste Lefebvre lui en gardera toute sa vie ! Devenu prêtre, il ira jusqu'à se substituer à elle, pendant vingt-trois ans, et au prix des plus grands sacrifices, pour soutenir et assurer l'existence de l'école libre des filles de Neuvireuil.

A cet effet, quand ses nièces, bien connues et bien appréciées à Hermaville, l'auront quitté pour suivre chacune des vocations différentes, il se privera de servante, restreindra au minimum ses dépenses de table, surveillera sa porte, et vaquera lui-même à tous les soins que réclame la marche ordinaire d'une maison. Et ses générosités s'étendront bien au delà de l'entretien des institutrices ; il ira jusqu'à prendre à sa charge les réparations annuelles des bâtiments, les améliorations des classes, les renouvellements du matériel scolaire, et même les fournitures et les instruments de jeux. Le rayonnement de cette école dépassera Neuvireuil. En effet les meilleures familles d'Izel-lez-Equerchin, d'Oppy, de Montauban et des alentours lui adresseront leurs enfants.

Il se consolera ainsi de la disparition, douloureuse pour sa paroisse, des religieuses d'Hermaville, en septembre 1885, et il restera dévoué jusqu'à la fin de sa vie à l'école libre des filles de Tilloy. En même temps, par ses exhortations ou par ses offrandes personnelles, il veillera à ce que Hermaville et Tilloy apportent un appoint sérieux aux autres grandes œuvres catholiques, recommandées, ou prescrites sous forme de quêtes, par l'autorité diocésaine.

Mais n'anticipons pas sur les événements. C'est au collège catholique de la Tombe près de Tournai, que M. Joseph Tréca, fabricant de sucre à Neuvireuil, envoyait son jeune protégé, pour y faire ses humanités ; c'est au grand séminaire d'Arras qu'il poursuivait ses études théologiques ; et c'est au séminaire des Missions étrangères qu'il les terminait, se faisant remarquer partout, par sa vive et solide piété, et son grand amour des âmes. Il se plaira à répéter plus tard le chant du départ des missionnaires pour les régions idolâtres. On sentira alors que son cœur y est toujours.

En effet, après un très court vicariat à Vaulx-Vraucourt, l'abbé Modeste Lefebvre obtenait de Mgr l'Evêque d'Arras d'entrer au Séminaire de la rue du Bac, à Paris, et bientôt il était envoyé comme missionnaire en basse Cochinchine. Son tempérament trop ardent ne s'accommodait pas au climat, et il devenait apôtre plus par la souffrance que par la prédication proprement dite. On espéra que la Chine serait moins rude pour lui que le séjour de Saïgon, et on l'y envoya. Mais il pouvait à peine débarquer à Shanghaï. Il fallait aussitôt songer à le ramener en France. La traversée était pénible, et le jeune missionnaire gagnait douloureusement Marseille sur un navire. Son frère Jules, accourait à son secours (1). La Vierge de Lourdes jetait sur lui un regard compatissant, et il rentrait faible mais guéri dans son diocèse. Croisilles ne faisait guère que le voir passer, car bientôt, en octobre 1872, il remplaçait à Hermaville le si digne abbé François Blondel envoyé à Enguinegatte.

Ces premières années d'apostolat sont déjà toutes pleines de mérites, devant Dieu et devant les hommes ; mais M. l'abbé Modeste Lefebvre va continuer à se montrer un ouvrier intrépide sur ce nouveau théâtre d'action sacerdotale où ses supérieurs viennent de le placer. Cette action sacerdotale s'exerce naturellement sur les âmes. Mais comment se mettre en contact avec celles-ci, et où surtout les rencontrer ? Mes frères, vous avez répondu : dans les églises, ces édifices sacrés où prêtres et fidèles se réunissent pour offrir le sacrifice eucharistique, et participer à des rites saints du plus merveilleux symbolisme, et de la plus sublime efficacité ! Ces temples, c'est une gloire de les édifier, de les conserver, de les embellir ou de les restaurer. Le nou-

---

(1) Evacué de Fresnes-lez-Montauban, M. Jules Lefebvre mourait à Liège, le 4 novembre 1918, sans avoir revu les siens, sept jours avant la conclusion de l'armistice.

veau curé d'Hermaville et de Tilloy le savait. Aussi, dès son arrivée dans la paroisse, se mit-il résolument à l'œuvre.

L'église de Tilloy, il vous en souvient, était bien rustique, bien pauvre, bien indigne du Dieu qui voulait quand même y habiter. M. l'abbé Modeste Lefebvre concevait le hardi projet de la rebâtir. Une âme d'élite qui prenait et pratiquait à la lettre la parole de l'Ecriture : *Quand vous faites l'aumône, que votre main gauche ignore ce que fait votre main droite* (1), Mademoiselle Sophie Morel de Tournai voulait bien l'y aider. Il commençait par le chœur. Dieu bénissait ses efforts. Bientôt il renouvelait le vaisseau lui-même de l'édifice, et il exhaussait la vieille tour qui recevait une gracieuse flèche. Tout était transformé. D'un travail où le manque d'unité était à redouter, il faisait une sorte d'œuvre d'art. Mgr Lequette venait apporter à la charmante église, non point une bénédiction ordinaire, mais la consécration, mais la dédicace solennelle. Sa Grandeur y prêchait et y officiait pontificalement le lundi 29 juillet 1878. Il n'y avait pas six ans que M. Lefebvre était arrivé dans la paroisse.

L'annexe ainsi enrichie, la paroisse principale pouvait craindre de se voir moins favorisée. Elle ne devait pas tarder à comprendre que son zélé pasteur ne la perdait pas de vue. De beaux vitraux, deux présents d'âmes nobles et généreuses, faisaient vite oublier l'ancienne pauvreté. Un pavé vieilli et suranné était remplacé par un autre en céramique, d'une grande solidité et de très bel aspect. Bientôt notre clocher, monument trois fois séculaire, bien proportionné dans son architecture, agréable et sévère sous son vêtement de pierres, abritait une

(1) *Matth.* VI, 3.

église que Mgr Williez ne se lassait pas d'admirer dans une visite pastorale. Son prédécesseur, Mgr Dennel avait d'ailleurs voulu, lui aussi, apporter à l'église ainsi restaurée, une consécration qui la relevait d'une infériorité momentanée, et la mettait sur un bon pied d'égalité avec sa jeune sœur de Tilloy. Cette mémorable cérémonie qui a clos pour ainsi dire l'épiscopat du pieux Pontife avait lieu le 26 juillet 1891. M. Lefebvre accomplissait à Hermaville la dix-neuvième année de son ministère.

C'est bien de bâtir ou de restaurer les églises d'une paroisse. C'est mieux d'y susciter des prêtres qui y viennent offrir le saint sacrifice. Avec un sens délicat et affiné des choses de Dieu, M. Lefebvre le comprenait, et, dès son arrivée ici, il travaillait avec ardeur et succès à la culture des vocations sacerdotales. Il appliquait à l'étude des sciences divines et humaines des forces, des énergies qui auraient pu ailleurs, ou se dépenser en pure perte, ou aboutir à des succès purement humains. Qu'il était heureux le 10 juin 1884 ! L'aîné de ses élèves ecclésiastiques célébrait en ce lieu sa première messe solennelle. C'était fort grande fête. De mémoire d'homme on ne se souvenait point d'en avoir vu une semblable dans la paroisse. M. le chanoine Jules Didiot, alors doyen de la Faculté de théologie de Lille, de chère et vénérée mémoire, avec sa grande autorité, son talent, l'admirable souplesse de son esprit, donnait le sermon.

Et ces cérémonies touchantes devaient se répéter cinq fois encore. Elles édifiaient les paroisses environnantes, et elles contribuaient pour leur part à orienter l'esprit des parents et des enfants vers le sacerdoce. Qui sait ? Si Dieu ne l'eût rappelé à Lui, pour nous beaucoup trop tôt, le 17 janvier 1894, un autre de ses élèves, très bien doué, serait peut-être, lui aussi, monté au saint autel (1).

Qu'il me soit permis de rappeler ici, non pas pour exalter les vivants, mais uniquement pour louer le défunt, un mot de Mgr Dennel. M. Lefebvre lui parlait des vocations ecclésiastiques et des jeunes prêtres qu'il avait formés, et l'Evêque lui répondait : *M. le Curé, c'est ce que vous avez fait de mieux.* Cependant, il se livrait encore à un travail -excellent, quand il faisait germer autour de lui, et cultivait avec un soin délicat les vocations religieuses. Ces âmes consacrées à Dieu, vous les connaissez. A l'exemple des vénérables sœurs qu'elles avaient rencontrées à Hermaville et à Tilloy, ou ailleurs, elles faisaient l'ornement et la consolation de leurs communautés, et elles offraient à Dieu, pour leur propre sanctification, et l'avantage surnaturel des autres, le sacrifice de leur cœur, de leur liberté et de tous les bonheurs humains. Trois de ces chères Religieuses nous ont déjà quittés pour recevoir de leur céleste Epoux la couronne des Vierges. Trois vivent encore et. prient avec nous pour le père que nous pleurons (2).

Pour exercer une action surnaturelle si profonde

(1) Les six élèves prêtres de M. Lefebvre, sont : M. l'abbé E. Legru, chanoine titulaire de la cathédrale d'Arras ; M. l'abbé H. Legru, curé de Saint-Hilaire, à Frévent; M. l'abbé J.-B. Asset, curé de Berck-Plage ; M. l'abbé L. Derond, curé de Fortel ; M. l'abbé F. Delaby, curé de Pernes-lez-Boulogne et M. l'abbé J.-B. Crametz, curé de Conchy-sur-Canche.

Le jeune séminariste rappelé à Dieu dans sa quinzième année est Fleury Thuilliez.

(2) Les trois religieuses défuntes sont : Sœur Marie-Théophile, franciscaine, dans le monde Justine Bouret ; Sœur Marie-Agnès de Jésus, des Dames de l'Assomption, dans le monde Marie de Salignac Fénelon ; Sœur Benoit Joseph, dans le monde Félicie Hennebic. Cette dernière appartenait à l'*Ins-*

et si étendue, le prêtre a besoin du concours d'âmes élevées, riches des biens de ce monde, ou avides de dépenser, au service de Dieu et de l'Eglise, les saintes ardeurs de leur vie religieuse ou d'un pieux célibat, compris, accepté et vécu selon les enseignements de S. Paul aux Corinthiens. M. Lefebvre a rencontré ces âmes à Hermaville, à Tilloy et dans le cercle assez vaste de ses relations. Malgré la discrétion et le silence dont elles ont toujours voulu et veulent encore s'entourer, vous trouverez naturel que je leur donne une part dans l'hommage que je lui rends aujourd'hui. L'une d'elles semblait nous devoir être conservée de longues années encore (1). Mgr Baunard avait prononcé une fort belle allocution le jour de son mariage, en l'église de la Madeleine à Lille, le 7 mai 1889. M. Lefebvre l'avait accueillie ici avec une grande joie. Elle remplaçait si dignement Madame la Vicomtesse sa belle-mère, très aimée et très regrettée à Hermaville, foncièrement et fidèlement dévouée jusqu'à la fin à son curé. Et voici que, après un deuil amer et de dures souffrances chrétiennement supportées, le bon Dieu l'a rappelée à Lui, il y aura deux ans ces jours-ci, à la grande douleur des siens, du village tout entier

titut des Sœurs de la Miséricorde dit aussi *des Ecoles chrétiennes.*

Les trois survivantes, Sœur Angèle de Mérici, dans le monde Angèle Debret ; Sœur Marie Modeste, dans le monde Louise Lesoing ; Sœur Thérèse, dans le monde Marie-Rose Lefebvre, appartiennent au même *Institut des Sœurs de la Miséricorde.*

(1) Madame la Baronne Henri de Salignac Fénelon, née Gabrielle de France, décédée pieusement à Paris le 10 avril 1918. Elle avait éprouvé la grande douleur de perdre son fils, le lieutenant Hugues de Salignac Fénelon, mort en brave et en chrétien le septième mois de la guerre.

et de son cher et zélé pasteur (1). L'une de nos anciennes religieuses d'Hermaville et de Tilloy, très appréciée du vénéré défunt, achève sa pieuse vie au monastère de Saint-Sauveur-le-Vicomte, entourée des soins d'une vertueuse compagne (2). Une autre paroissienne fidèle, qui a fait de notre église comme sa seconde demeure, nous reste pour la parer et l'entretenir (3).

Mais pour que la sève de la vie surnaturelle coule avec plus d'abondance dans les rameaux qui composent la vigne d'une paroisse, il faut à certaines époques des effusions plus grandes de la rosée céleste. Ces grâces extraordinaires nous étaient ménagées par la faveur de plusieurs jubilés, de nombreuses missions, des bénédictions de calvaires, de statues, de bannières, l'inauguration de chemins de croix, et surtout par la cérémonie annuelle en l'honneur du Sacré-Cœur avec sa retraite préparatoire. Celle-ci est une création de la piété de M. Lefebvre, et combien d'âmes à Hermaville et dans la région en ont tiré profit ! En ces circonstances, les dignes fils de S. Alphonse, de S. Ignace, de S. Dominique nous ont apporté successivement les trésors de leur zèle apostolique, le fruit de leurs méditations, leur expérience des âmes, leur éloquence et le secours si efficace de leurs prières. Et toutes ces faveurs spirituelles, le vénérable curé d'Hermaville a veillé à ce qu'elles soient départies à ses ouailles pendant son ministère de trente et un ans.

A ces bienfaits du Ciel, mes frères, vous me reprocheriez de ne pas rattacher la protection manifeste dont le village d'Hermaville a été l'objet au

(1) M. l'abbé Charles Poittevin, curé d'Hermaville depuis le 17 décembre 1910.

(2) Sœur Marie-Eulalie, et sœur Marie-Florence.

(3) Mademoiselle Marie Plouvier.

cours de la dernière guerre, notamment dans l'épouvantable nuit du 22 au 23 mai 1918. Le presbytère, l'église, le château où s'arrête chaque année la procession du Sacré-Cœur, étaient pris, avec quelques maisons particulières, sous un bombardement intense et terrible d'avions ennemis. Et pourtant point de victimes humaines à déplorer, pas même d'immeubles trop sérieusement endommagés. Aussi, est-ce à juste titre que vous vous préparez à placer dans cette église, l'ex-voto de votre reconnaissance au Cœur de Jésus.

Cependant, comment expliquer, en notre vénéré défunt, cette ferveur que rien ne semble attiédir ? Où s'alimente cette flamme qui brille jusqu'au bout d'un vif éclat ? Mes frères, ce zèle se nourrit dans la méditation des grandes vérités de la religion, dans la lecture quotidienne de la vie des saints, dans l'étude des prédicateurs en renom, notamment de nos orateurs sacrés du grand siècle, et surtout dans cette oraison de chaque soir prolongée ici, au pied de l'autel, souvent jusqu'à minuit. Et puis, il y a des lieux, des sanctuaires célèbres où l'âme se sent comme davantage saisie par nos idées chrétiennes. M. Lefebvre les visite, non pas en touriste, mais en vrai pèlerin. Dans cet esprit il se rend à Rome, et y reçoit la bénédiction du saint Pontife Pie X. En 1882, les Religieux de l'Assomption inaugurent leurs grands pèlerinages en Terre Sainte. Aussitôt il prend le chemin de Jérusalem. Dix-neuf ans plus tard, en 1901, âgé de 63 ans bientôt, il y retourne avec le pèlerinage des hommes. Là, véritable croisé de la pénitence, sur la montagne du Calvaire et au sépulcre du Sauveur, il se laisse imprégner chaque fois par les grandes leçons de la rédemption. Ceux qui l'ont vu dans ces deux voyages, et nous avons ici des témoins, vous diraient, pleins d'admiration,

avec quel courage il supporta les fatigues extraordinaires du premier où quatre pèlerins moururent,
et avec quelle sainte ardeur il accomplit le second !

Paray-le-Monial l'attire aussi, et il en revient
enflammé d'un brûlant amour pour le Cœur de
Jésus. La Vierge de Lourdes, en trente-deux diffé-
rents pèlerinages, le verra à ses pieds. Devant elle,
il répandra ses prières, et pour se conformer à ses
désirs, jour et nuit, au confessionnal, il sera le cou-
rageux et docile instrument de la grâce divine pour
la conversion des pécheurs. Je ne parle pas de ses
autres pèlerinages à la Salette, à Ars, à Notre-Dame
d'Auray, au Mont Saint-Michel et ailleurs. D'un
grand esprit de foi, M. Lefebvre excellait à donner à
ses voyages un caractère religieux, et, chacun le
sait, ses voyages furent nombreux.

Les alentours, et même les paroisses plus éloi-
gnées du diocèse, ont bénéficié de cet esprit d'apostolat. A ceux qui lui reprochaient de se trop
dépenser, il répétait le mot de S. Paul dans son
épître aux Corinthiens : *Væ mihi, si non evange-
lizavero.* « Malheur à moi, si je n'évangélise
pas (1). » A coup sûr, l'anathème de l'apôtre ne tom-
bera pas sur lui. En effet, pour en revenir à mon
texte du début, il distribue beaucoup, il accommode
bien le verbe de la vérité. Le mot de l'Ecriture :
ὀρθοτομοῦντα, *recte secantem*, nous présente une
figure que les commentateurs expliquent différem-
ment (2). Pour nous, dans cet homme qui tranche
bien, voyons avec quelques-uns l'image du père qui
partage le pain en morceaux pour le distribuer à ses
enfants, et donner à chacun la part réclamée par
son âge, son tempérament, ses besoins. A ce titre,

(1) I *Cor.* IX, 16.
(2) Voir *Estius, Comm., tome 2, in hunc locum.*

M. Lefebvre, pour prêcher à ses ouailles, ici, et aux fidèles ailleurs, le verbe de vérité, s'inspire de la recommandation de l'Apôtre, avec une propension marquée pour l'abondance plutôt que pour la parcimonie. Tel est le trait dominant de ses prônes à Hermaville, de ses sermons de missions, de jubilés, de retraites aux enfants et de circonstances.

D'ailleurs ce n'est pas seulement à l'église, du haut de la chaire de vérité, et pour tout le monde, ce n'est pas seulement au confessionnal, et pour chaque âme en particulier, que cet homme apostolique départit le verbe de vérité. Il prêche partout : dans ses excursions à pied, dans ses voyages en voiture et en chemin de fer, sur les navires et les paquebots, dans les visites qu'il fait et dans celles qu'il reçoit, bref, dans toutes ses conversations, et surtout dans sa correspondance. A ceux qui ont reçu ses lettres (il en a écrit des milliers) de les relire. D'un bout à l'autre, ils y verront surgir l'idée chrétienne, et ils y sentiront brûler l'amour de N.-S. J.-C. En attendant, je n'en veux pour preuve que cette carte-lettre, retrouvée ces jours-ci comme par hasard au milieu de papiers d'avant guerre. Elle est écrite de Berck-Plage, du *chalet Rosa*, et elle est datée du 10 novembre 1913. M. Lefebvre relevait de maladie : un dangereux érésipèle à la jambe, suite d'une grave blessure négligée. La carte présente, sur l'empreinte d'une riche draperie, un Sacré-Cœur orné des insignes de la royauté : croix, sceptre, couronne, diadème. En haut, sur une banderole, on lit cette inscription : « *Rex sum ego. Je suis roi.* »

Ecoutez maintenant cette voix d'outre-tombe tout à l'heure : « Il est toujours bon de se réfugier dans ce divin Cœur d'où procèdent tous les biens. L. P. M. L. va tellement bien que demain il se remettra sur ses jambes pour reprendre ses travaux accou-

tumés, ce qu'il aurait peut-être déjà pu faire aujour-
d'hui : la prudence seule l'a retenu. Donc les prières
faites pour lui ont été exaucées. Il remercie ses chers
amis des marques de sympathie qu'ils lui ont don-
nées en cette circonstance. Sœur Thérèse a une pro-
longation de quinze jours. »

Je viens de parler de Berck-Plage. M. Lefebvre
y était arrivé en août 1903. Mgr Williez l'y avait
envoyé, pour exercer les fonctions de prêtre habitué,
et d'auxiliaire de son si cher neveu ici présent,
nommé curé du lieu, le 20 juin de cette même
année. Son ministère devait consister surtout à
entendre la confession des baigneurs et des bai-
gneuses de notre grande station balnéaire. Sa Grandeur voulait pour cette fonction un prêtre d'âge,
d'expérience et d'une vertu consommée. M. Lefebvre avait accepté. Pourtant ce fut un vrai déchire-
ment pour lui que de quitter sa paroisse, ses deux
églises, son pauvre presbytère. Il y avait tant tra-
vaillé, tant souffert ! Le démon n'avait point som-
meillé autour de lui pendant les longues années de
son ministère pastoral. Il lui avait suscité à Hermaville d'abord, et à Tilloy ensuite, les oppositions les
plus violentes et les moins justifiées. Mais malgré
cela, et à cause de cela, il s'était fortement attaché à
ses ouailles. Comme son divin modèle, Jésus cru-
cifié, à ses persécuteurs d'alors, car depuis longtemps
ils sont descendus dans la tombe, et l'un d'eux combien tristement ! il octroyait généreusement le
pardon.

Il faisait donc son sacrifice, et il obéissait à son
Evêque. Combien vite il était récompensé ! Il
l'avouera lui-même, et il dira bientôt en parlant de
Berck : « Au fond, le bon Dieu me voulait ici. » En
effet, son autorité morale et son prestige grandissaient
chaque jour. Bientôt tous les baigneurs le connais-

sent et l'appellent : *le bon Père Lefebvre* ou même *le Père* tout court. Mgr du reste, qui avait commencé par le nommer missionnaire diocésain, lui avait fait obtenir de Rome, la seule distinction qu'il ambitionnât, le titre de missionnaire apostolique. Un excellent catholique, alors bien connu à la Plage de Berck, M. le Baron des Lyons de Feuchin, à cause de son dévouement à quêter pour elle, appelé *Le père de l'église de Notre-Dame des Sables*, n'hésitait pas à mettre en parallèle l'action sacerdotale de M. Lefebvre sur les âmes au confessionnal, avec le travail, sur les corps de leurs malades, des chirurgiens les plus habiles et des praticiens les plus connus de la plage. La comparaison n'a rien qui doive nous étonner. L'un des quatre offices du prêtre au saint tribunal, les moralistes nous l'enseignent, est celui de médecin des âmes. Or, le Père Lefebvre le fut excellemment, moins par une application savante des principes de la casuistique, que par l'exercice d'une longue patience et d'une admirable charité.

J'en prends à témoin les nombreux malades étendus dans leurs gouttières, qu'on lui amenait dans la nef de l'église, et que, assis sur une chaise basse, et la tête inclinée, il entendait, et confessait avec un cœur tout dévorant de l'amour des âmes. J'en prends à témoin, les pensionnaires de la maison Notre-Dame dont il fut l'aumônier, les infirmes des autres hôpitaux ou cliniques, et des maisons particulières qu'il visitait, les innombrables pénitents et pénitentes qui assiégeaient son confessionnal pendant la saison des bains, des journées entières et à des heures avancées de la nuit. Quelle fatigue, quel grand mérite !

Il lui arrivera de temps en temps de trouver sa charge très lourde. Ecoutez cette plainte qui échappe à la nature. Je la trouve dans une lettre datée du

31 mai 1914, « jour béni de la Pentecôte » comme il dit. M. Lefebvre avait souffert en janvier d'une broncho-pneumonie qui l'avait retenu au lit pendant deux mois et l'avait mis à deux doigts de la mort. « De nouveau, écrit-il, me voilà pris d'un rhume qui m'a fait beaucoup souffrir jusqu'à ce jour, où il semble enfin vouloir me quitter. Mais je suis encore très faible, et n'ai nul appétit. Toute nourriture me paraît insipide, surtout la viande n'importe laquelle, et je me demande comment je puis vivre en fournissant depuis deux mois la somme de travail auquel nécessairement je me livre. Hier, j'ai entendu plus de cent vingt confessions, et ce matin, une trentaine. C'est à y mourir. Mais j'espère que les chaleurs vont me remettre un peu en place..... »

L'on comprend que des jours si bien remplis s'en soient trouvés abrégés. En effet, les cheveux du Père Lefebvre, sa barbe, souvenir très aimé des Missions étrangères, blanchissaient au vu des moins attentifs. Les premières semaines d'octobre 1914 achevaient de ruiner cette santé déjà très délabrée depuis un ou deux ans.

Les nombreux réfugiés du Nord et du Pas-de-Calais, qui affluaient à Berck-Plage, doublaient, triplaient sa besogne ordinaire au confessionnal. A ses angoisses patriotiques, à ses vives anxiétés au sujet de nous, qui étions dans la fournaise, s'ajoutait, dans l'avant-dernière semaine du mois, une fatale bronchite. Le vénéré malade s'alitait quelques jours, et le samedi 24 octobre, il s'éteignait comme une lampe que l'huile n'alimente plus. On le voyait à peine mourir. Ses funérailles, présidées par M. l'archiprêtre de Montreuil-sur-Mer, étaient l'objet d'une belle manifestation de respect, de reconnaissance et de religieuse sympathie. On déposait son cercueil dans un caveau provisoire, on plaçait dessus sa photographie, et de nombreux fidèles y venaient prier comme à un lieu de pèlerinage.

.*.

L'espoir de M. Lefebvre, en demandant que sa dépouille mortelle fût ramenée à Hermaville, c'était sans doute que son cercueil y serait reçu, porté même par de chers jeunes gens, baptisés par lui et façonnés par ses leçons à la connaissance de nos idées religieuses et à la pratique du devoir chrétien. Plusieurs étaient membres de la Jeunesse catholique ; l'un d'eux, son premier et dévoué président (1). Il les aimait tendrement. Alors aussi, il pensait que sa tombe serait comme entourée de celles de chacun d'eux, au fur et à mesure que l'âge, les fatigues de la vie ou la maladie ferait sonner pour chacun l'heure du trépas. Et voici que 25 d'entre eux, 19 d'Hermaville, 6 de Tilloy, ont succombé (2). Ah ! près de la tombe encore ouverte du père selon la grâce, saluons dans le lointain, sur les champs de bataille de France, de Belgique et d'Orient, et dans les cimetières de nos hôpitaux militaires, les sépultures de nos héros chrétiens, ses fils, morts glorieusement pour la patrie. L'amour du devoir et l'esprit de sacrifice, fruit excellent de la dévotion au Sacré-Cœur, dont M. Lefebvre était comme imprégné, ils en étaient eux-mêmes tout pénétrés.

Ecoutez le langage de l'un de nos combattants vers la mi-janvier 1917. Il écrit à son parrain rapatrié depuis quelques semaines : « J'ai le cœur sou-

---

(1) Clébert Dégardin.
(2) Voir plus loin la liste des *morts pour la France.*

lagé de vous savoir revenu dans notre noble patrie, et loin de celle des barbares qui voulaient nous anéantir. Pour moi, je me suis battu comme un lion pendant les grandes attaques de l'Yser où les Allemands s'étaient élancés avec tant de furie, et pendant celles de Vaux et de Louville, sous un bombardement formidable, évalué à cent mille obus par jour, un enfer, quoi, où on ne pouvait tenir, où nos plates-formes de mitrailleuses étaient sans cesse démolies, où les éclats d'obus nous caressaient les oreilles avec un sifflement sinistre, et où nous avons eu tant de peine à maintenir et à repousser ces vils ennemis par nos feux nourris de mitrailleuses. Le colonel me faisait citer à l'ordre du jour de l'armée, et me fixait sur la poitrine la croix des braves..... » Ce soldat n'est plus, mais son grand courage, c'était celui de tous ses compagnons d'armes d'Hermaville et de Tilloy.

J'ai sous les yeux leurs noms avec la date et le lieu de leur mort glorieuse. Combien ce tableau est éloquent ! Aussi, dans un sentiment de gratitude profonde pour nos vaillants et illustres défenseurs, demandons au bon Père Lefebvre, si le secours de nos prières ne lui était plus nécessaire, et s'il avait déjà reçu la juste récompense de ses travaux, d'user de son crédit là-haut, et de plaider auprès de Dieu la cause de nos chères victimes de la guerre. Ah ! puisse-t-il faire valoir le mérite de leurs blessures et de leur sacrifice, et obtenir du Christ Sauveur qu'Il les associe avec lui à la félicité des saints. et les fasse sortir glorieux de leur tombeau, au grand jour de la Résurrection générale. Ainsi soit-il.

PAROLES

DE

M. LE BARON HENRI DE SALIGNAC FÉNELON

Président du Conseil Paroissial

Au nom du Conseil Paroissial des communes d'Hermaville et de Tilloy, je viens dire un suprême adieu au Révérend Père Lefebvre, qui pendant trente et un ans, présida aux destinées religieuses de cette paroisse.

En 1872, encore tout imprégné du zèle infatigable que la grâce de Dieu met dans les cœurs des missionnaires, allant, au péril de leur vie, enseigner aux peuples païens les vérités de la religion catholique, et porter au loin le bon renom de la France, M. l'abbé Lefebvre fit son entrée dans Hermaville.

Aussitôt, avec sa foi ardente, ses prédications passionnées, sa brûlante charité, il commença à déverser largement les trésors de son âme d'apôtre. Instruire les enfants, exposer à tous les dogmes catholiques, faire naître les vocations religieuses, conduire les jeunes gens aux portes du séminaire, réconcilier au moment suprême de la mort les pécheurs avec leur Dieu, et leur ouvrir les portes du Paradis, telles furent les occupations quotidiennes de ce saint prêtre, dont la grande intelligence des choses divines s'alliait à une admirable simplicité.

Dès l'abord, il s'efforça de donner dans sa paroisse des demeures somptueuses au Créateur de l'univers. Devenu quêteur pour la plus grande gloire de Dieu, il embellit d'une façon splendide l'église d'Hermaville, et édifia dans son annexe de Tilloy un temple digne de celui qui y est adoré.

Puis, toujours enflammé d'ardeur, il institua en l'honneur du Sacré-Cœur de Jésus, cette procession admirable qui, depuis plus de quarante ans, parcourt chaque année les rues de notre village, attirant des communes environnantes, et souvent de bien loin, un nombre considérable de croyants. Cette consécration d'Hermaville au Sacré-Cœur n'a t-elle pas préservé la commune des pires dégâts ?

En 1903, Monseigneur l'évêque d'Arras, désirant fournir à son zèle religieux un champ moins limité, nomma M. le curé d'Hermaville, missionnaire diocésain, et bientôt après missionnaire apostolique.

Résidant à Berck-Plage, auprès de son neveu, qu'il avait conduit lui-même à la prêtrise, en dehors de la saison des bains, il partait presque chaque jour pour évangéliser une population, et conquérir plus librement les âmes à Jésus-Christ. Mais, il ne perdait en rien pour cela le souvenir de sa chère paroisse, et c'est au pied de cette tour que demanda à reposer, quand le Bon Dieu l'aurait rappelé à Lui, ce fidèle serviteur.

Respectueuse de son désir, son honorable famille ramène aujourd'hui le Révérend Père Lefebvre au milieu de ses anciennes ouailles, et confie la garde du Père à tous ses enfants.

Oui, cher Monsieur le Curé, dormez en paix au pied de cette muraille sacrée !

Chacun d'entre nous, en passant devant votre tombe, y récitera une prière ou aura tout au moins pour vous une pieuse pensée.

Et maintenant là-haut dans la gloire de Dieu, à côté de nos chers fils morts si nombreux pour le salut de la France, par vos prières, par vos instances auprès du Sauveur des hommes, comme un bon pasteur, réunissez-nous tous autour de vous, avec les enfants, les petits-enfants, et, jusqu'à la dernière génération, de tous ceux que vous avez ici baptisés et évangélisés ; et reformez au ciel, nous vous en prions ardemment, la phalange, devenue glorieuse à jamais de la paroisse d'Hermaville.

REMERCIEMENTS

DE

M. L'ABBÉ J.-B. ASSET, Curé de Berck-Plage

Neveu du Père Lefebvre

—

Mes Frères,

Fidèles à la recommandation de saint Paul aux Hébreux : « Gardez le souvenir de vos chefs qui « vous ont prêché la parole de Dieu », vous avez conservé au fond du cœur la mémoire de votre ancien curé, et vous avez voulu, au moment où cette terre va recevoir sa dépouille mortelle, lui composer un cortège d'honneur, témoignage de votre amour et de votre reconnaissance.

Mon devoir est de vous remercier.

Je remercie le Conseil paroissial et son président, M. le Baron de Fénelon, qui vient de résumer en termes si émus et si délicats le ministère du Père Lefebvre à Hermaville.

Je remercie le conseil municipal et M. le Maire de cette commune, qui ont bien voulu octroyer à celui qui s'est dévoué pour tous, pendant 31 ans, le lieu de sa sépulture. Que de fois après la prière du soir lorsque nous descendions ces marches de l'église, ne l'ai-je pas entendu formuler ce vœu : « C'est là que je voudrais reposer ! » Vous avez,

Messieurs, réalisé ce secret désir de son cœur. Soyez-en loués.

Merci à M. le Chanoine Monet, qui, tout enfant, a vu le Père Lefebvre, alors jeune missionnaire, revenant de la Chine, terrassé par la maladie, mourant sur sa couche, et dont la longue barbe noire faisait encore ressortir la pâleur du visage.

Merci à M. le Doyen d'Aubigny, à M. le Curé d'Hermaville son digne et zélé successeur, à ses confrères parmi lesquels je distingue avec émotion M. l'Abbé Fr. Deriencourt, curé de Noyelle-Vion, l'ami du Père Lefebvre, le compagnon, comme moi, de son premier pèlerinage en Terre Sainte, qui l'avait encouragé quand il s'était agi d'instituer le pèlerinage du Sacré-Cœur, et dont j'entends encore, après 40 ans, au jour de la grande procession, la belle voix, chantant les gloires et les bienfaits du divin Maître. Merci à M. l'Abbé de Bersacques, curé de Mingoval, le compagnon de son second pèlerinage à Jérusalem.

Je remercie les élèves du Père Lefebvre ici présents, et plus particulièrement M. le Chanoine Legru, qui vient de nous retracer en termes magnifiques la vie de celui que nous pleurons. Il a mis dans son récit toute son intelligence, son savoir et son cœur.

Je vous remercie, vous, ses amis, venus des villages environnants et de bien loin.

Je vous remercie enfin, paroissiens d'Hermaville et de Tilloy, si nombreux à cette funèbre cérémonie.

Lorsque voyant ses forces décroître par l'âge, et craignant de ne plus pouvoir mettre au service des âmes, ici et dans le diocèse, le zèle ardent de ses jeunes années, le Père Lefebvre vous quitta pour se retirer près de moi, je puis vous assurer qu'il ne prit son repos que dans le travail pour Dieu et pour

le prochain, et que ses années passées à Berck-Plage
ne furent pas les moins fécondes de son ministère. Il
fut frappé en plein labeur, et, comme il était toujours vôtre par le cœur, c'est parmi vous qu'il a
voulu dormir son dernier sommeil.

Je sais que depuis longtemps vous désiriez ce jour,
où vous serait rendu le corps du pasteur de vos
âmes.

Vous le dirai-je? Outre les difficultés du moment,
il m'en coûtait de m'en séparer. Quand je me ren-
dais au cimetière de Berck, pour accompagner à
leur dernière demeure tant de pauvres soldats de la
grande guerre, et de malheureux réfugiés sur notre
plage hospitalière, j'aimais à m'agenouiller sur une
tombe qui m'était chère à tant de titres.

Aujourd'hui, je vous en fais les gardiens, certain
qu'elle sera entourée de votre vénération, de votre
affection, auxquelles viendra se joindre le pieux
hommage de vos prières!

$$\dagger$$

DIEU ET PATRIE

SONT MORTS POUR LA FRANCE :

D'Hermaville,

1. Nicolas CAGNIART, Vitry-le-François, Marne, 17 septembre 1914 ;
2. Elie GARNIER, Tracy-le-Val, Oise, 8 décembre 1914 ;
3. Honoré BRUCHET, Nieuport, Belgique, 16 décembre 1914 ;
4. Lieutenant Hugues DE SALIGNAC FÉNELON, Beauséjour, Marne, 17 février 1915 ;
5. Jules BELVAL, région du Fortin, 18 mars 1915 ;
6. Léon LEFEBVRE, maréchal des logis, ambulance de Saint-Pol-sur-Ternoise, 26 mars 1915 ;
7. César POUCHAIN, bois d'Ailly, près de Léronville, Meurthe-et-Moselle, 25 avril 1915 ;
8. Clébert DÉGARDIN, Lombaertzyde, Belgique, 9 mai 1915 ;
9. Augustin CAGNIART, aux Eparges, tranchée de Calonne, Meuse, 24 juin 1915 ;
10. Louis JEANNETON, hôpital de Châtelguyon, Puy-de-Dôme, 4 septembre, 1915 ; suite de blessures mortelles reçues le 28 août ;
11. Louis LEGAY, Beau Marais, Aisne, 21 août 1915 ;
12. Samuel LEGAY, Cormicy, près Reims, 20 septembre 1915 ;

13. Adolphe LESOING, caporal, château de Denié-
   court, bataille de la Somme, 31 août 1916 ;
14. Alfred DUPUICH, bataille de la Somme, Rouvroy,
   5 septembre 1916 ;
15. Alfred CAGNIART, ambulance de Landrecourt,
   Meuse, 5 février 1917, suite de glorieuses blessures reçues devant Verdun ;
16. Gabriel GATTEAU, Bœsingue, Belgique, 31 juillet
   1917 ;
17. Charles LEGRAND, caporal, ambulance de Saint-
   Pol-sur-Ternoise, 1er septembre 1917 ;
18. Joseph LADANT, dans un bois, en face de Noyon,
   Oise, 12 septembre 1918 ;
19. Victor MÉQUIGNON, hôpital de Salonique, 14 octobre 1918.

De Tilloy,

1. Louis DELEURY, Pontavert, Marne, 30 septembre
   1914.
2. Sous-lieutenant Fernand DENEUVILLE, région de
   Mesnil-lez-Hurlus, Champagne, 20 octobre 1915 ;
3. Fernand DENUNCQ, région de Soissons, 3 avril
   1917 ;
4. Jules PRUVOST, région de Soissons, 5 mai 1917 ;
5. Augustin QUARRÉ, caporal, instituteur, disparu
   aux combats de Champagne, secteur de Bligny,
   Marne, 6 juin 1918 ;
6. Arthur CHRÉTIEN, ambulance de Zuydcoote,
   Flandre, 10 juin, 1918, suite de gaz asphyxiants,
   reçus dans la bataille des Flandres.

———

Miséricordieux Jésus, donnez-leur le repos éternel.
(7 ans, 7 quar.)

INSCRIPTION

GRAVÉE SUR

LE MONUMENT DE M. L'ABBÉ LEFEBVRE

Élevé au pied du clocher de l'Église d'Hermaville.

------

†

ICI REPOSE M. L'ABBÉ MODESTE LEFEBVRE
NÉ A FRESNES-LEZ-MONTAUBAN, LE 4 DÉCEMBRE 1838
MISSIONNAIRE EN CHINE
CURÉ D'HERMAVILLE ET DE TILLOY PENDANT 31 ANS (1872-1903)
MISSIONNAIRE APOSTOLIQUE
RETIRÉ A BERCK-PLAGE, Y DÉCÉDÉ LE 24 OCTOBRE 1914.

Au prédicateur infatigable, au pélerin de Rome, de Jérusalem, de Paray-le-Monial et de Lourdes, au pasteur brûlant du zèle des âmes, qui a fait restaurer et consacrer ses deux églises, et a institué le pélerinage du Sacré-Cœur, ses six élèves prêtres, et ses paroissiens reconnaissants.

R. I. P.